LA CREATIVIDAD Y TU NEGOCIO

Alberto Toca Gutierrez-Colomer
Gonzalo Toca Alberola

ISBN Papel: 978-84-686-5114-9
ISBN Digital: 978-84-686-5115-6

Impreso en España
Editado por Bubok Publishing S. L.

ÍNDICE

Alberto TOCA

Alberto Toca ha trabajado como directivo en la industria de la energía desde el comienzo de su carrera profesional hasta el año 2014. Treinta y seis años de experiencia durante los cuales ha dirigido laboratorios de ensayo y equipos de investigación y desarrollo, marketing, estrategia, ventas, de desarrollo de negocios, de internacionalización y de logística. Ha sido miembro del Foro de Liderazgo del Instituto de Empresa. En la actualidad, tras retirarse de su actividad en el mundo de la energía, es socio fundador de Skill Head, empresa dedicada al coaching de emprendedores y participa como business angel invirtiendo en proyectos incipientes.

Formación
PDG, Dirección General de Empresas. IESE Business School, University of Navarra. 1991-1992.
Ingeniero Superior de Minas, Energía y Combustibles. Universidad Politécnica de Madrid. 1970-1976.

Gonzalo TOCA

Formación

Técnico en comercio.

Diplomado en Publicidad y Técnicas de Comunicación. Escuela Superior de Publicidad de Madrid. 2008-2011.

Máster en Diseño Gráfico y Diseño Web. CICE. 2011-2012.

Experiencia

Diseño, márketing y publicidad. Skill Head. Junio 2012-actualidad.

Introducción

Hemos querido comenzar la colección Skill Head sobre asuntos empresariales con un título dedicado a la creatividad, pues ya se sabe que todo empieza por la creación, como se explica en el libro del Génesis. Y así es en nuestro caso, en cuanto que nuestros libros buscan como audiencia a las personas que se enfrentan a la creación de un negocio o están pensando hacerlo.

Empezaremos con un intento de definición de creatividad, y en ese punto nos encontramos la primera sorpresa: siendo la creatividad una actividad que la humanidad ha ejercitado desde sus primeros pasos, no ha comenzado a analizarse metódicamente hasta mediados del siglo xx, si bien es cierto que en los últimos cincuenta años se ha profundizado mucho en su conocimiento.

En un segundo capítulo fijaremos los parámetros que pueden servirnos para medir la creatividad propia o la de una organización. Estamos acostumbrados a escuchar que tanto unas personas como colectivos son muy creativos y otros no, por tanto, nos aproximaremos a las cualidades o habilidades que definen cómo se determina este aspecto de las personas o de los grupos.

En el tercer capítulo nos entretendremos en el estudio del proceso creativo en sí. Decimos proceso porque, al contrario de lo que a veces se cree, la creatividad no suele desarrollarse en un acto, sino en un conjunto de ellos que determinan un proceso; esto es algo que tiene un origen, una evolución y un final, que en este caso es un resultado.

El capítulo cuarto relaciona la creatividad con la innovación. Intenta explicar por qué las personas o colectivos que tienen el hábito creativo producen innovaciones que pueden ayudar a incrementar la calidad de la vida del género humano, aunque a veces sirva para lo contrario. En este punto comienza a aparecer la empresa como uno de los elementos claves del proceso creativo.

Es precisamente en el quinto capítulo en el que relacionamos de una forma muy pragmática los procesos creativos aplicados a la evolución de las empresas, y señalamos cuáles son los principales elementos que conviene manejar para que, en nuestra empresa concreta, se produzcan procesos creativos que nos permitan alcanzar el éxito de nuestro emprendimiento.

En los capítulos comprendidos entre el sexto y el decimosexto se exponen concisamente las principales técnicas de generación de ideas que pueden utilizarse cuando enfocamos un proceso creativo. Pretendemos que el lector sea consciente de que existen muchas técnicas que pueden ayudarle en estos temas, independientemente del juicio que tenga sobre su capacidad creativa o la de su empresa.

El capítulo decimoséptimo analiza la forma en que se cierran los procesos creativos. Aunque parezca difícil de comprender, a veces se lanzan procesos creativos que pueden resultar potencialmente muy potentes y fracasan porque se desconoce la forma de concluirlos. Intentaremos aportar un poco de luz en esta fase de la creatividad.

El último capítulo lo dedicaremos a la enseñanza y en él trataremos de sentar las bases necesarias para que la creatividad pueda incrementarse en los colectivos que se están educando y que formarán los grupos que gestionarán el mañana de nuestra sociedad. Formar generaciones que lleven en su mochila de conocimientos todas aquellas habilidades que son importantes para innovar es una misión irrenunciable que implica a todos. La creatividad es una de esas habilidades.

Esperamos que disfrutes con la lectura del libro.

1
¿QUÉ ES LA CREATIVIDAD?

Crear es hacer algo a partir de la nada. La creatividad tiene algo que ver con la palabra latina *creare* pero no es lo mismo, ya que nosotros no hablamos de partir de la nada.

Sabemos, intuitivamente, de qué estamos hablando, sabemos lo que produce, pero nos cuesta conocer los mecanismos a través de los cuales actúa. La creatividad es el elemento más potente de la naturaleza y es el que define como especie a las personas.

Podemos afirmar que lo nuevo nace por asociación de conceptos conocidos con anterioridad en la mente de una persona. Esa conexión es una neurona nueva, o un conjunto de neuronas que se desarrollan de pronto en el cerebro de un ser humano.

¿Por qué en ese cerebro y no en otro? Probablemente porque la disposición de la información previa estaba especialmente mejor colocada en el cerebro que ha dado lugar a lo nuevo.

Eso nos lleva a considerar un punto relevante: la creatividad precisa de información y por lo tanto la cantidad de creatividad de un colectivo es proporcional al cúmulo de conocimientos que ese colectivo posee. Cuando se dice que el proceso educativo es la clave del futuro de un colectivo, es tremendamente cierto.

Una vez que asumimos lo anterior, nos preguntamos si es posible estimular la creatividad en un colectivo que ya ha terminado su proceso educativo, en el colectivo que tenemos ahora ante nosotros. La respuesta es sí, podemos. Cualquier método que estimule la conectividad entre conceptos conocidos puede hacer que en alguno de los cerebros presentes se desarrolle una neurona de conexión que origine un nuevo conocimiento.

La creatividad se genera con más rapidez en grupo, puesto que los comentarios de uno posicionan la información en el cerebro de los demás, y así se multiplican las posibilidades de que lo nuevo ocurra. Pero no hay reglas, también puede no ocurrir, que es lo que sucede más a menudo.

Definir el concepto de creatividad no es fácil, en cuanto que tiene multitud de significados. Puede observarse desde una dimensión meramente individual, tal como lo observa la psicología, que la define como una capacidad de la persona. Sin embargo, como hemos visto, tiene una dimensión colectiva, podemos decir social, ya que florece mejor dentro de un conjunto de personas, donde encuentra a su vez la mejor expresión de su utilidad. Es más, para la sociología, la creatividad es el resultado de la actividad que es capaz de desarrollar el ser humano, como miembro de un grupo, en relación con los demás grupos que conforman un sistema, hasta el punto de que la rama que suele estudiar la creatividad es la psicología social, aunando su carácter individual y colectivo.

Ribot, en 1890, escribió la obra *Imaginación creadora*. En ella defendió, por primera vez, que el instinto creador existe en todas las personas en distinto grado, estableciendo que todas ellas participan del proceso creativo, unas con más intensidad que otras. Esta afirmación se consideró absolutamente fuera de lugar en su momento, dentro de un entorno en el que se pensaba que el instinto creativo era un atributo de los «genios», esto es, de personas especialmente iluminadas.

Desde 1890 hasta 1950 distintos autores escribieron sobre el pensamiento creador, sobre el genio del inventor, el pensamiento productivo, el pensamiento creador en las artes y las ciencias o sobre la imaginación, pero siempre de forma absolutamente dispersa. Podemos decir que toda esta literatura estuvo enmarcada dentro de los distintos movimientos de filosofía científica que se apoderaron de la sociedad industrializada y que pusieron al cerebro humano y su comportamiento como objeto de su investigación.

En 1950, Guilford pronunció una conferencia a la que dio por título *Creativity*. La conferencia se publicó ese mismo año en *The American Psychology* y dio origen al comienzo de la investigación en relación con la creatividad. En esta conferencia, Guilford insistió en la conveniencia de fomentar la investigación en este campo, defendiendo que los resultados de este trabajo ofrecerían una gran utilidad para la ciencia, la industria e incluso para la administración. Al igual que Ribot, defendió que la creatividad es un bien que poseen todos los individuos y que por eso mismo es digna de un estudio sistemático que permita detectar a aquellos individuos que la poseen en mayor grado y orientar sus capacidades en beneficio de toda la sociedad. El artículo fue una especie de disparo de salida para el estudio de esta capacidad del ser humano.

En 1954 se creó la Creative Education Foundation con sede en la Universidad Estatal de Buffalo. Se fundó como un centro pragmático y de orientación dedicado a la invención y a la resolución de problemas industriales. También en esta época vio la luz el grupo Synectics en Massachusetts.

En 1956 se celebró en Estados Unidos de América la primera conferencia nacional sobre creatividad bajo los auspicios de la Nacional Science Fundation de la universidad de Utah.

El motivo que disparó este interés por la creatividad a mediados del siglo pasado no fue otro que la guerra fría. La competencia tecnológica entre Rusia y Estados Unidos forzó a estos últimos a buscar todos los resortes que le permitieran ponerse por delante en una carrera tecnológica que mucho tuvo que ver con el desarrollo de armas ofensivas y disuasorias. Los extraordinarios resultados que estos estudios han proporcionado a los Estados Unidos, en forma de ventaja absoluta mundial en el desarrollo tecnológico, han llevado a que la disciplina haya ganado una enorme importancia en las universidades de este país.

Desde el año 1955 se celebran los seminarios para la solución creativa de problemas en la Universidad de Buffalo. Desde 1975, el Centro de Estudios de Creatividad imparte un programa interdisciplinario de enseñanza que otorga el título de máster de ciencia con grado en Estudios Creativos. Este centro tiene su sede en el Colegio Estatal de Buffalo de la Universidad de Nueva York.

En España, la disciplina no ha generado más que un moderado interés, con más componente científico y educativo que práctico, en el que destacaremos a la Universidad Politécnica de Valencia, que publicó la revista *Innovación creadora* en 1976. En el área empresarial y de la Administración generó un cierto interés en la década de 1980, en las que se realizó un verdadero intento por promover la creatividad ligada a la i+d, pero el punto de partida era tan bajo y los recursos tan escasos, que el movimiento languideció en pocos años. España en aquel momento tenía ante sí multitud de retos, pero ninguno de ellos dependía especialmente del componente creativo. La crisis económica que ha sufrido nuestro país al final de la primera década de este siglo ha puesto de moda la creatividad como sinónimo de buscar una forma de ganarse la vida.

La creatividad, a fin de cuentas, es una técnica para resolver problemas que es aplicable a multitud de actividades que realizan los humanos. Es propia de la especie humana y ha sido el elemento que le ha permitido dominar el medio ambiente a lo largo de los distintos momentos históricos. Por lo tanto, si es un componente ligado a la condición humana, todos los humanos somos capaces de manejarla, independientemente de nuestras cualidades.

Las técnicas que se han aplicado en distintos momentos históricos y en distintos lugares para generar procesos creativos han sido diferentes, aunque como ya sabemos no ha sido hasta mediados del siglo xx que se le ha puesto nombre a este concepto. Suele decirse que el mundo occidental ha aplicado, por lo general, la creatividad de forma discreta y reactiva, esto es, me encuentro un problema, aplico la creatividad y encuentro una solución. La cultura oriental ha entendido la creatividad, habitualmente, como un proceso continuo orientado hacia la mejora permanente, como un proceso proactivo con el entorno, y esto se ha relacionado con el uso preeminente de un hemisferio del cerebro respecto al otro. Realmente, como hace tan poco tiempo que se ha comenzado a estudiar este concepto como tal, es probable que algo de todo ello pueda ser cierto, pero no lo es menos que los mecanismos profundos de la creatividad aún se nos ocultan. Es probable que la gran innovación de este siglo sea precisamente el conocimiento detallado de cómo funciona nuestro cerebro.

En todo caso dejaremos constancia de que se atribuyen al hemisferio izquierdo del cerebro las capacidades verbales, analíticas, simbólicas, abstractas, temporales, racionales, digitales, lógicas y lineales, y al derecho las capacidades no verbales, sintéticas, de concreción, analógicas, atemporales, irracionales, espaciales, intuitivas y holísticas.

En 1984, Howard Gardner, profesor del Departamento de Pedagogía de la Universidad de Harvard, propuso que los seres humanos somos capaces de funcionar con ocho tipos de inteligencia:

a) La inteligencia lingüística-verbal. Se trata de la capacidad para leer, escribir y comunicarse con palabras. A través de esta inteligencia procesamos los mensajes lingüísticos, los ordenamos y les damos sentido.

b) La inteligencia lógico-matemática. Conocida a menudo como pensamiento científico, es la capacidad para manejar números, relaciones y patrones lógicos, así como otras funciones abstractas.

c) La inteligencia rítmica-musical. Es la capacidad para cantar bien, manejar instrumentos musicales, componer partituras, comprender y apreciar la música, identificar diferentes sonidos, su intensidad y dirección.

d) La inteligencia visual-espacial. Es la capacidad para pensar en imágenes, que incluye la imaginación, la orientación espacial y la destreza para representar la realidad de forma gráfica. Es la inteligencia que nos permite identificar y situarnos en el mundo visual.

e) La inteligencia cinestésico-corporal. Es la capacidad para resolver problemas, crear productos o presentar ideas o emociones, y se representa por la coordinación, el equilibrio, la destreza, la fuerza, la flexibilidad y la velocidad.

f) La inteligencia interpersonal. Representa la capacidad para trabajar de manera efectiva con la gente, de relacionarse con ella demostrando empatía y comprensión.

g) La inteligencia intrapersonal. Es la capacidad de introspección, de entenderse a uno mismo, de tener una imagen propia acertada, autodisciplina, comprensión y amor propio. La evidencian las personas reflexivas.

h) La inteligencia naturalista. Representa la capacidad para entender y relacionarse con la naturaleza, para desvelar su contenido.

Complementariamente a esta visión cuantitativa de la inteligencia, Daniel Goleman introdujo el concepto de inteligencia emocional, lo que conlleva la reflexión de que no solo es necesario poseer muchas capacidades intelectuales para moverse con éxito en la vida, sino que estas deben estar complementadas con las capacidades para ser personas, esto es, aquellas que nos van conformando y llevando hacia la madurez humana, emocional e intelectual. Las emociones influyen tanto o más que la inteligencia racional a la hora de tomar decisiones. A la capacidad del ser humano a la hora de controlar las emociones es a lo que Goleman ha denominado *inteligencia emocional*. Esta inteligencia emocional nos libera de los prejuicios y manías que bloquean el proceso creativo o los potencia cuando es escasa, afectando de forma muy determinante al resultado.

Hay otro tipo de inteligencia que no podemos definir con facilidad. Tiene que ver con el subconsciente de las personas. Es una especie de inteligencia ordenadora que trabaja por su cuenta. Es la que resuelve problemas cuando dormimos o cuando dejamos reposar las ideas. Es una inteligencia pasiva en relación con nuestra voluntad, pero que por otra parte podemos potenciar. Tiene que ver con esa maravillosa expresión de los viejos sabios chinos «hacer sin hacer nada». Ni siquiera nos atrevemos a ponerle nombre. El potencial de esta inteligencia para ordenar los pensamientos inconexos y descubrir nuevas relaciones es enorme y se desencadena cuando permitimos que nuestros pensamientos conscientes se tomen un descanso.

No dudamos de que todas estas inteligencias se pongan en juego cuando hablamos del proceso creativo, pero seguiremos defendiendo que, en última instancia, es una especie de suma de todas esas inteligencias manifestadas en un grupo a la que llamaremos *inteligencia colectiva*, que es la que genera las cosas nuevas y resuelve los problemas.

2

¿Cómo se mide la creatividad?

Bien sea que queramos medir la creatividad de una persona o de un grupo, debemos tener en cuenta que lo que estamos midiendo es el valor de esa variable en un momento determinado. Sí, has leído bien, la creatividad es una variable que puede cambiar de un momento a otro, ya que es una cualidad que se puede entrenar.

Cuatro son las variables que suelen utilizarse para medir la intensidad de la capacidad creativa: la fluidez, la flexibilidad, la elaboración y la originalidad. Podemos añadir la motivación, la tolerancia a la ambigüedad y la perseverancia, con lo que las vamos a convertir en siete.

Lo primero que tiene que estar presente para que se produzca un proceso creativo es *la motivación*. Es habitual que se nos ocurran cosas de forma imprevista, pero si no estamos buscando la solución de un problema lo más probable es que el proceso no supere la fase de ocurrencia. No olvidemos que hemos definido la creatividad como un proceso, y un proceso siempre tiene una meta que alcanzar. Si no tenemos nada que resolver en un momento determinado no seremos creativos, si nos encontramos abocados a solucionar un problema, nuestro nivel de creatividad seguro que es mayor. Como graciosamente decía uno de nuestros profesores, «cerebrus apretatus discurrit», en un simulacro de latín bastante creativo.

Hay quien habla de que la motivación para ser creativo es intrínseca, esto es, nace de dentro del individuo porque sí, sin más. Como se puede ver no podemos estar más en desacuerdo, para nosotros se trata de una motivación extrínseca, nace fuera del individuo o del grupo, es una respuesta a una necesidad. Como diría el cómico José Mota, «si hay que ser creativo se es, pero ser creativo por ser creativo es una tontería».

Suponiendo que nos encontramos ante la necesidad de resolver un problema, esto es, ante las puertas de un proceso creativo, la primera pregunta que tenemos que hacernos es acerca de nuestra *tolerancia a la ambigüedad*. Vamos a tener que convivir con el problema en tanto en cuanto no encontremos las respuestas adecuadas, y convivir con un problema no resuelto es vivir en la ambigüedad. Si nuestro grado de tolerancia es bajo, tendremos mucha prisa por acabar y someteremos el proceso a una enorme presión. En términos cariñosos, a las personas que en momentos como estos tienen poca tolerancia los solemos llamar *cagaprisas*, ya que suelen conformarse con la primera solución que aparece, que no tiene por qué ser la buena, sino que podría ser la ocurrencia más simplona o una cualquiera, pero no la más adecuada.

Ya que el marco en el que nos movemos es el de los negocios, es importante reconocer que cuando el máximo responsable del negocio tiene las características de cagaprisas, las posibilidades de que la creatividad prospere en la empresa son nulas. El valor predominante será el oportunismo. Por desgracia, se trata de una figura muy corriente.

Mide tu grado de tolerancia ante la ambigüedad, y si es bajo, realiza ejercicios de paciencia con el método que más te pueda ayudar. Como a cualquier otra tarea de un proyecto, asigna un tiempo al proceso creativo y respétalo. Con ello habrás aumentado tu creatividad o la del grupo de una forma exponencial, o al menos no la destruirás, que no es poco.

Tenemos un problema y nos hemos dado un plazo para resolverlo, ahora hace falta que se nos ocurran soluciones. Estamos ante una nueva etapa en la que necesitamos *fluidez*. Normalmente, al principio a nadie se le ocurre nada, y es entonces cuando llegamos a la conclusión de que lo que falta es eso, creatividad, pero no es así, lo que faltan son ideas. Nos encontramos paradójicamente ante la fase más sencilla del proceso.

La fluidez es una propiedad de la materia que permite que esta se mueva, y suele depender de su estado físico. Los gases se mueven con más facilidad que los elementos líquidos y estos con más facilidad que los sólidos. Cuando mostramos un dibujo sin sentido a los niños y les preguntamos de qué se trata, es normal que cada niño proporcione tres o cuatro respuestas más o menos fantasiosas. Los adultos suelen conformarse con dar una y a partir de ahí suelen ser incapaces de ofrecer nuevas respuestas. La diferencia estriba en que los niños tienen menos condicionantes que los adultos. El cerebro del adulto, en su proceso de aprendizaje, asociará esa forma con algo aprendido previamente y no podrá moverse de ese punto. El del niño está en un estado menos condicionado y se mueve con mayor fluidez, por lo que es capaz de producir más ideas. Pero no tenemos niños en nuestras empresas que puedan ayudarnos en esta tarea.

Muchas personas han trabajado en las últimas décadas para ayudarnos en este momento. A nosotros nos encanta la frase de Pau García Milá «tienes una idea pero aún no lo sabes». Existen muchas técnicas que ayudan a sembrar una semilla sobre la que llueven las ideas que tú, o el grupo, posee, aunque lo ignores en ese momento. Puedes encontrar algunas de estas técnicas en los próximos capítulos de este libro. Son técnicas que están orientadas a aumentar la fluidez de las ideas a través de producir un cambio de estado en nuestro posicionamiento mental.

Nos gusta hacer una precisión en este punto. El asesino en este momento del proceso creativo se llama intolerancia. Si aparece una persona que se dedica a matar ideas por sistema, acabará destruyendo el proceso creativo en este punto. Hay que vigilar que no ocurra, anular a los intolerantes; todas las ideas que puedan generarse deben ser bienvenidas en esta fase, por absurdas que puedan parecer. Si nadie pone piedras en el cauce del río, la fluidez se puede conseguir con cierta facilidad. Si eres un intolerante o un sabelotodo, reconviértete antes de participar en un proceso creativo, en caso contrario, no es que tu creatividad sea nula, sino que, además, serás el que destruya la creatividad de los demás. No te conviertas en un dique que entorpezca la fluidez de las ideas.

Resumamos. Tenemos una necesidad, nos hemos otorgado un plazo para resolverla, tenemos un montón de ideas más o menos buenas encima de la mesa, ahora tenemos que elaborarlas. Hay que analizar cada una de las ideas a fondo para ver cuál o cuáles pueden resultar más adecuadas. Esta es sin duda la etapa más difícil del proceso creativo, pues exige mucha rigurosidad y no poca metodología. La pregunta es cuánto sabemos acerca de la evaluación de propuestas y la respuesta es que nadie sabe nada. Es un proceso único que enfrenta a cada idea con el problema que trata de resolver. Lo primero que hay que conocer de forma rigurosa es cómo afecta el problema al sistema. Deberíamos se capaces en este momento de elaborar una lista exhaustiva de las consecuencias negativas que el problema nos ha ocasionado en el pasado, nos ocasiona ahora y nos puede ocasionar en el futuro, y de analizar la forma en que cada una de las ideas que hemos generado supera esas consecuencias negativas. Es un proceso que tiene un enorme parecido con el proceso de análisis para la gestión de riesgos, porque a fin de cuentas, las consecuencias de un problema no son más que un riesgo cierto.

Tu capacidad creativa tiene mucho que ver con tu capacidad para elaborar y con tu capacidad para ser objetivo en el análisis anterior. Tu capacidad creativa aumenta en tanto en cuanto más profundamente conozcas las consecuencias del problema.

Puede ocurrir que ninguna de las ideas sea válida. ¡Menuda tragedia!, el proceso creativo no ha servido para nada. Resumamos de nuevo; tenemos un problema, nos hemos dado un tiempo para buscar soluciones, hemos sido capaces de generar varias ideas posibles, las hemos analizado a fondo y ninguna nos sirve. Como la experiencia dice que casi todos los problemas tienen solución, es probable que el proceso creativo no haya llegado a su fin.

Aparecen aquí los conceptos de perseverancia y flexibilidad. Tu perseverancia o la del grupo debe llevaros a no rendiros ante este aparente fracaso. Hay que continuar el proceso con cierta terquedad. La flexibilidad es una habilidad que te ha de llevar en este caso a comenzar otra vez, a intentar generar nuevas ideas. Seguramente lo que necesitas es cambiar el punto de vista y ser capaz de que esas ideas nazcan desde una visión diferente del problema. También hay técnicas que pueden ayudarte en este momento, lo importante es que tu mente esté abierta a soluciones que te puedan parecer absolutamente fuera de lo convencional. No olvides que la flexibilidad es un concepto que tiene mucho que ver con la capacidad de adaptarse para no quebrase, tiene que ver con el concepto de cambio de posición.

Se nos ha quedado fuera del tintero la originalidad. Parece mentira, lo que todo el mundo considera que es la principal propiedad de la creatividad, a nosotros no nos encaja en el puzle. Lo que sucede es que la solución a un problema siempre es original, ya que en caso contrario no existiría el problema. Si la solución no es original es que existía previamente, entonces hemos estado perdiendo el tiempo, porque inventar lo que ya existe sí que es una tontería.

Concluimos. Para medir tus posibilidades de afrontar un proceso creativo en este momento, rellena la siguiente tabla:

— Tienes motivo: sí / no
— Toleras la ambigüedad: sí / no
— Conoces técnicas de generación de ideas: sí / no
— Conoces el problema y sus consecuencias a fondo: sí / no
— Eres perseverante: sí / no
— Eres flexible: sí / no
— Eres capaz de no pensar en nada: sí / no

En cualquier caso, si contestas algún «no» deberías otorgarte un periodo de reflexión antes de comenzar un proceso creativo, pues de otra forma seguramente no te saldrá bien. No creemos que se pueda ser creativo en un 70 % o en un 25 %. Cualquiera puede ser creativo en un 100 % si se pone a ello, o puede ser un asesino de la creatividad si no entiende los mecanismos que conviene respetar para que esta se produzca.

La creatividad es una habilidad que se convierte en un hábito cuando un grupo la ejercita de forma consciente y continuada. La posición que toma el grupo a la hora de enfrentar los problemas es, cada día que pasa, más inconsciente, hasta que llega a convertirse en la forma habitual de atacar y resolver los obstáculos. Esto nos lleva a afirmar que la creatividad de un colectivo no solo es proporcional al cúmulo de conocimientos que ha generado, también lo es a las veces que se ha enfrentado por sí mismo a la solución de los problemas que ha ido encontrando en su evolución.

Por lo tanto, la creatividad de un individuo, organización o colectivo no se mide por el grado de genialidad que manifiesta, sino por la habilidad que ha desarrollado para resolver problemas de forma novedosa. Como todas las habilidades, tiene carácter acumulativo, esto es, aumenta cuando se ejercita y disminuye cuando deja de ejercitarse. La creatividad se mide por sus resultados, como ocurre con cualquier otra habilidad.

3
EL PROCESO CREATIVO

La creatividad es un proceso muy similar a la resolución de problemas, con el matiz de que un problema puede resolverse aplicando una metodología ya conocida o elaborando una metodología nueva. En este último caso es cuando hablamos de un proceso creativo.

El proceso creativo tiene tres etapas generalmente aceptadas por la doctrina. En la primera se plantea el problema. La persona o el grupo se enfrentan con algo que no han aprendido a resolver con sus conocimientos y experiencia anterior. Es obvio que el sujeto o el grupo deben ser capaces de percibirlo y además definirlo o formularlo de forma adecuada. La mala formulación de un problema garantiza el fracaso en su resolución.

La segunda etapa del proceso es la generación de ideas que lleven a solucionar el problema formulado. El imaginario clásico coloca aquí al genio, la persona que de forma espontánea recibe una iluminación y genera la idea que dará origen a la solución del problema. Normalmente, nuestro genio no sabe explicar cómo se le ha ocurrido la idea. La realidad es que, aunque lo anterior sucede en algunas ocasiones, lo normal es que para que la idea aparezca es necesario realizar un proceso dentro del proceso, para el cual se han desarrollado multitud de métodos que intentan ajustarse a la naturaleza de los problemas.

La tercera etapa consiste en el análisis crítico de las ideas, etapa conocida como de elaboración o maduración y que vuelve a ser un proceso dentro del proceso creativo. Su éxito depende de que se conozcan a fondo las consecuencias que el problema planteado ocasiona dentro del sistema. Un efecto genuino de la realización defectuosa de este proceso son las consecuencias no deseadas, también llamados daños colaterales.

El primer modelo sobre el proceso creativo fue planteado en 1910 por John Dewey y se basaba en cinco etapas:

a) Encuentro con la dificultad o problema.
b) Localización y definición del problema.
c) Planteamiento de posibles soluciones.
d) Desarrollo de las soluciones y análisis de las consecuencias.
e) Aceptación de la solución propuesta.

Como puede verse, se trata de un modelo para la resolución de problemas en el que el elemento de originalidad o novedad no aparece en ningún momento. Curiosamente ha sido aceptado durante muchos años, mientras que en el imaginario popular se hacía hincapié en el elemento novedoso.

En 1926, Graham Wallas estableció un modelo basado en experiencias matemáticas en el que definió cuatro etapas:

a) Preparación.
b) Incubación.
c) Iluminación.
d) Verificación.

La primera etapa coincide básicamente con las dos primeras del modelo de Dewey. La etapa de incubación es una etapa intermedia en la que la mente, una vez conocido y delimitado el problema, actúa de forma subconsciente estableciendo conexiones entre el problema y la información que existe en el cerebro. No se sabe cómo funciona lo que da origen a todo tipo de conjeturas. Los analistas coinciden sin embargo en que durante la etapa de incubación el individuo se olvida momentáneamente del problema en su área consciente y trabaja en el área inconsciente. Esta visión tiene una fuerte influencia de los movimientos psicoanalíticos. No obstante, todos sabemos por experiencia que hay mucho de cierto sobre esta fase de incubación. Los estudios que se realizarán en el siglo que estamos viviendo sobre el cerebro humano irán dirigidos precisamente a conocer cómo funcionan las conexiones neuronales en esta etapa de la resolución de problemas.

La fase se iluminación es el momento en que se establece la conexión que da lugar a la idea. Sin saber cómo, la idea se hace presente y somos conscientes de ella. La última fase vuelve a coincidir con las dos últimas fases del modelo de Dewey.

Como puede verse, si el modelo de Dewey nada dice de cómo se genera la idea, el de Wallas se apoya claramente en el mito de la iluminación. Es precisamente este modelo el que más popularidad ha alcanzado, contribuyendo de forma muy importante a difundir la asociación creativo-iluminado.

En 1931, Rossman estudió un conjunto de inventores famosos y definió un modelo con siete etapas:

a) Observación de una necesidad o dificultad.
b) Formulación del problema.
c) Revisión de la información.
d) Formulación de ideas.
e) Examen crítico de las ideas.
f) Formulación de nuevas ideas.
g) Examen y aceptación de las ideas definitivas.

Como puede observarse, se trata del mismo modelo establecido por Dewey, con dos etapas de redundancia finales. De alguna forma introduce en el modelo el concepto de prueba y error que lleva a la resolución de los problemas a través de aproximaciones sucesivas.

Junto a estos modelos, llamados clásicos, existen otros que reciben el nombre de cognitivos que intentan explicar el proceso creativo desde dentro del individuo, centrándose en el análisis de cómo el cerebro de las personas procesa la información.

Estos modelos establecen que para que pueda producirse un proceso creativo deben intervenir otros procesos cognitivos dentro del individuo. La percepción, proceso que permite captar la información; la memoria, que es el proceso que permite almacenarla, y el pensamiento, que toma datos de la memoria, los procesa y vuelve a depositar nuevos elementos elaborados en ella modificando la percepción.

El modelo establecido por Guilford en 1966 se basaba en los clásicos, a los que añadió las categorías de los modelos cognitivos. Es un modelo complejo que realiza una sinopsis de los anteriores pero que a fin de cuentas no es capaz de explicar cómo y por qué llega el sujeto a generar la idea.

En tanto que la investigación sobre el cerebro nos arroja luz sobre este tema, de lo que no hay duda es de que los métodos para generar ideas resultan eficaces, sea cual sea el modo en que estas se generan dentro del cerebro. El gran avance científico del siglo xxi se encuentra en este campo.

Si se pretende explicar la creatividad desde el punto de vista de sus consecuencias, el consenso establece que el proceso creativo debe producir:

a) Algo novedoso.
b) Que resulte valioso, esto es, útil para el sistema.

4
La creatividad y la innovación

La creatividad es un proceso a través del cual se generan ideas novedosas y útiles para resolver un problema. Intentaremos ahora aproximarnos a una definición de la innovación. ¿Es lo mismo la creatividad y la innovación?

En primer lugar hay que decir que no siendo lo mismo, se parecen bastante. Hemos visto en otro capítulo que los procesos creativos eran muy similares a los procesos de resolución de problemas con el aditivo de que generan ideas novedosas. La innovación es otro proceso que arranca una vez que ha terminado el proceso creativo y que se apoya en él, de tal forma que no es posible entenderlo si no se ha producido un proceso creativo previo que ha generado una idea novedosa.

Supongamos que esa idea novedosa ha sido desarrollada en un entorno universitario. La probabilidad de que llegue a producir algo útil para el sistema es relativamente baja según las estadísticas, y esto no depende de la utilidad de la idea en sí, sino de que alguien dentro del sistema la recoja y la transforme en un elemento útil y valioso, ya sea un objeto, un proceso, un libro, un método… Este nuevo proceso puede ser realizado por el mismo que llevó a cabo el proceso creativo o por alguien diferente.

Ahí está el matiz, el proceso de innovación es un proceso que trabaja sobre una idea novedosa y construye un elemento nuevo que definitivamente resuelve el problema planteado. No puede existir la innovación sin un proceso creativo previo, pero a su vez, el proceso creativo no queda culminado hasta que no se ha producido el proceso innovador. Resumiendo, la innovación es el camino que lleva desde la buena idea hasta el elemento que produce la utilidad.

El proceso de innovación es el que introduce en el proceso global de creación el elemento empresarial. Es necesario generar una estructura que ponga en valor esa utilidad en forma de beneficios económicos y sociales, y esa estructura se llama «empresa». En este punto, el encuentro entre el emprendedor y la idea generará la innovación.

Hay sin embargo infinitos problemas que resolver en este proceso, puesto que crear una empresa no es algo mágico que se realice a través del acto administrativo de su constitución. Crear una empresa supone utilizar tres recursos: personas, tiempo y dinero. Durante el proceso de desarrollo de la innovación la retribución de estos tres recursos será el gran problema a resolver en paralelo a aquellos que la propia innovación exija desde un punto de vista técnico. Puede ocurrir, como de hecho sucede en los procesos de innovación que acontecen en empresas sólidamente constituidas, que conseguir los fondos para retribuir esos factores no resulte mayor problema, pero para aquellas empresas que nacen o *startups* el problema puede resultar de solución compleja.

Normalmente tendemos a asociar emprendedor con este tipo de nuevas empresas que toman una nueva idea e intentan llevarla al mercado. Esto no es así, emprendedor es cualquier persona que comienza una actividad empresarial, sea la idea que lleva al mercado nueva o vieja.

La innovación puede presentar diferentes facetas:

a) La creación de una cosa nueva, algo que no existía anteriormente. Por ejemplo, los diodos led para iluminación de bajo coste.

b) Una nueva forma de hacer, esto es, una nueva práctica que mejora la forma de hacer previa y que suele ser conocida como innovación del proceso.

c) Una nueva forma de pensar o de ver las cosas, nueva forma que aplicada a casos concretos genera beneficios para el sistema. El conocimiento científico está dentro de esta categoría.

d) Una nueva forma de comunicar, que permite ampliar, cambiar o dotar de mayor rapidez a las comunicaciones dentro del sistema de adopción. Las redes sociales son un claro ejemplo de este tipo de innovación.

e) Una combinación de varias de ellas o de to das: un claro ejemplo es Internet, que supone una innovación científica, técnica, de forma de pensar y de comunicación.

La innovación tiene unos atributos que puede poseer en mayor o menor medida. Son el resultado de las interacciones que se producen en el sistema entre la generación de la idea, cosa o práctica y la adopción de la misma por los componentes del mismo. Zaltman y Lin distinguen dieciocho atributos: costes, eficiencia, ventaja relativa, complejidad, comunicabilidad, observabilidad, compatibilidad, capacidad de penetración, capacidad de prueba, demostrabilidad, radicalismo estructural, oportunidad y reversibilidad, grado de compromiso exigido, impacto en las relaciones, amplitud del cuerpo de adopción, número y tipo de opositores, adaptabilidad e implicación del ego de los adoptantes.

Es importante comprobar cuáles de estos atributos y en qué grado se dan en nuestro elemento innovador, ya que de esta manera seremos capaces de diseñar las pautas que permitan su comunicación y su adopción. Recordemos que una innovación es un proceso, y como tal, va a suponer que se produzca un cambio en el sistema.

Convendría definir por lo tanto qué entendemos por un cambio. Siguiendo a Valbuena, entendemos que un cambio es un proceso en el que se produce una alteración de la estructura y función de un sistema social. Todos los procesos de innovación implican un proceso de cambio, pero no al revés, no todos los cambios llevan implícita una innovación, pues se puede cambiar adoptando ideas, cosas o prácticas que no son nuevas. La innovación es el qué de la cuestión, el cambio es el impacto y las consecuencias que produce en el sistema, pero recordemos, no es necesario que se produzca una innovación para que un sistema cambie.

Kart Lewin define tres etapas en el proceso de cambio. Una primera de deshielo, en la que se supone que los componentes del sistema son conscientes de que tienen un punto de insatisfacción, o identifican un nuevo interés o perciben algo nuevo que les genera una necesidad de cambio. El sistema experimenta una discrepancia entre su situación actual y aquella que le gustaría alcanzar. La segunda etapa es la de movimiento, en la que se ponen en marcha un número de actividades dirigidas a satisfacer ese vacío o insatisfacción, es la etapa en la que el colectivo adopta las ideas, cosas o prácticas que como hemos dicho anteriormente pueden ser nuevas o no. La tercera etapa se ha denominado congelación, estabilización o institucionalización.

Ninguna de ellas nos gusta, porque presuponen que el proceso se detiene porque ha llegado a un nuevo equilibrio. En nuestra forma de ver, ese equilibrio no existe nunca. Nosotros la llamamos *etapa de solapamiento o gestación*, y es aquella en la que el sistema ya no piensa en el proceso de cambio que ha sufrido, porque lo contempla como su forma de ser natural y está gestando el siguiente, que comenzará su etapa de deshielo cuando el nuevo nivel de insatisfacción alcance las cotas de tolerancia del sistema.

5
LA CREATIVIDAD Y LA EMPRESA

Hablando con propiedad, deberíamos llamar a este capítulo «La innovación y la empresa». No olvidemos que el objetivo de una empresa no puede ser la creatividad, ni siquiera la innovación. El objetivo es la cuenta de resultados. La innovación es un instrumento para mejorar la cuenta de resultados.

Como hemos visto en otro capítulo, la innovación es un proceso que resulta del encuentro de la empresa con la creatividad. Es por eso que podremos decir que una empresa es innovadora si ha generado estos procesos con el objetivo de lograr mayores beneficios. En todo caso también hemos visto que la creatividad y, como consecuencia, la innovación, se producen cuando se hace frente a un problema o una necesidad.

Para hablar de una empresa innovadora es necesario arrancar un poco antes y preguntarse si la empresa tiene problemas o necesidades de las que es consciente. La mayoría de las empresas no son conscientes o les llega la consciencia con tanto retraso que ya no les queda ni tiempo ni capacidad para reaccionar. Son empresas que viven en la autocomplacencia.

Una empresa innovadora es aquella que pregunta a sus clientes, a sus empleados, a sus directivos y, en general, a todo su entorno cuáles son sus problemas o necesidades y además de preguntar, escucha las respuestas y se dispone a realizar aquellas acciones que sean necesarias para mejorar en su negocio. Si una empresa realiza estas prácticas es una empresa innovadora con seguridad.

La responsabilidad de mantener encendido el radar que detecta problemas presentes o futuros corresponde a la alta dirección de la compañía. Obviamente no basta con detectar, es necesario tener capacidad de reacción para solventar esos problemas y esa capacidad de reacción se obtiene a través del proceso de innovación.

Las áreas que debemos explorar para detectar problemas son:

La estrategia. Los elementos estratégicos básicos del negocio deben ser monitorizados permanentemente. Si no lo hacemos puede ocurrir que en un momento determinado descubramos que ha ocurrido algún suceso que ha anulado las ventajas competitivas sobre las que se asentaba nuestro negocio. El precio que hay que pagar por no hacerlo suele ser muy alto.

El mercado. Los mercados en los que se desenvuelve nuestra empresa suelen ser muy dinámicos. Su estructura, sus componentes, sus precios, todo se mueve constantemente. No monitorizar el mercado es tan grave como no hacerlo con la estrategia y acaba destruyendo la empresa.

El producto. Los productos tienen un ciclo de vida, lo cual quiere decir que en algún momento comienzan a envejecer. Es necesario estar pendiente de nuestros productos para detectar a tiempo esos problemas de envejecimiento.

La organización. Las organizaciones se desgastan. Funcionan como las brocas de un taladro. Al principio suelen ser sumamente eficientes, pero con el paso del tiempo pierden filo y su rendimiento baja. Saber detectar los problemas que afectan a las organizaciones desde dentro no es nada fácil.

Los procesos de gestión. Por definición siempre se pueden mejorar. Existe eso que llamamos curvas de aprendizaje, así como innovaciones tecnológicas que cambian las formas de hacer. Estar al día de las posibles mejoras de los procesos de gestión de la empresa suele ser un factor importante de competitividad para las mismas.

Suponemos que has llegado a la conclusión de que las empresas tienen que ser innovadoras para que pervivan. Así es. Es de suma importancia que la empresa lleve grabados los procesos creativos e innovadores en su adn, pues en caso contrario será muy difícil reeducar una empresa autocomplaciente para que se convierta en innovadora. Además, el tiempo necesario para hacerlo siempre jugará en contra.

Para dotar de esa inteligencia para la supervivencia a la empresa hay que generar unidades de vigilancia sobre la estrategia, el mercado, el producto, la organización y los procesos, y la alta dirección debe preguntar con periodicidad las novedades a estos vigías.

Pero no basta con tener una buena vigilancia y estar a la última. Es preciso que las personas implicadas en cada área de la empresa estén concienciadas de que cada vez que salta una alarma hay que ponerse en marcha para atenderla. Este punto es sumamente complicado de conseguir porque está reñido con los objetivos del día a día que todo empleado tiene entre manos. Es un elemento de gestión de la alta dirección saber definir con qué margen dimensiona el trabajo cotidiano para dejar tiempo al análisis de las respuestas.

Es frecuente que cuando la alta dirección tiene una visión muy limitada al corto plazo mantenga los equipos funcionando al máximo de sus posibilidades, exprimiendo el limón hasta la última gota. Cuando se da cuenta de que la empresa no tiene capacidad de reacción culpa a los empleados y deciden ponerla patas arriba. Estos directivos están obviamente mal preparados y son el peor activo de la compañía. Hay que prescindir de ellos sin contemplaciones. Son asesinos de la innovación y por ende, de la empresa.

Una vez detectado un problema, aquellos equipos implicados deben trabajar organizadamente en los procesos creativos y de innovación necesarios para resolverlos. Nuestra experiencia nos dice que los vigías deben participar en estos equipos. Sobre si deben ser equipos ad hoc o no, la respuesta es que eso depende del problema que haya que afrontar. En todo caso, también nos dice la experiencia que en los equipos de generación de soluciones deben participar los líderes de los equipos que posteriormente tendrán que implantarlas.

Lo importante es que el esquema innovador esté arraigado fuertemente en la empresa. Hay que medir cuántos problemas tenemos cada año y cuántas soluciones encontramos. Cuando estos índices descienden no es que lo estemos haciendo mejor, es que los vigías están fallando. La innovación no tiene límites.

6
El brainstorming

Como hemos visto, el proceso creativo llega a un punto en el que hay que generar ideas. El *brainstorming* o tormenta de ideas es un método ideado por Osborn a mediados del siglo xx que ha adquirido una enorme fama. Su metodología se explica a continuación.

a) En primer lugar hay que seleccionar a los participantes. Los criterios de selección dependen de lo que se busque. Hay quien propone que solo se convoque a personas creativas que no tengan miedo al ridículo. Otros ponen el foco en que las personas convocadas conozcan el problema a fondo, independientemente de que alguien las considere creativas o no, eliminando de esta forma cualquier prejuicio. Hay quien propone que no se mezclen jefes y subordinados y hay quien considera que esto es otro prejuicio, que debe evitarse cuando se pretende poner en práctica una técnica que se basa, precisamente, en la eliminación de todos los prejuicios. Nuestra opinión es que debe convocarse a todas las personas que puedan tener algo que decir en relación al tema que se está tratando, independientemente de su carácter o su nivel jerárquico.

b) La fase anterior presupone que hay una persona que lidera el proceso. Esta persona debe tener cualidades de liderazgo y debe definir con precisión el objetivo de la o las sesiones de brainstorming. Es de suma importancia que conozca a fondo el problema que se intenta resolver, pues de lo contrario la sesión nacerá desenfocada, lo que no es infrecuente. La persona que lidera las sesiones debe trabajar a fondo el objetivo. Suele ser muy práctico que lo discuta previamente y por separado con los posibles participantes, lo que ayudará a que desde el principio to dos lo compartan y lo tengan muy claro. La persona que lidera la sesión debe fijar también el alcance de la misma, esto es, cuánto tiempo va a durar o cuántas ideas quiere obtener.

c) Una vez convocada la sesión, la persona que la lidera ha de explicar a los asistentes las reglas a las que deben atenerse y la metodología que van a seguir. Las principales reglas son:

1. Vale cualquier idea, por absurda que pueda parecer.
2. No se pueden criticar las ideas, ni siquiera matizar o mejorar o comentar. El único objetivo es producirlas.
3. Una mejora de una idea que se haya expuesto previamente debe formularse como una idea nueva y diferente, sin hacer referencia a la anterior.
4. No se puede criticar ni hacer bromas a las personas que participan. El que lo haga debe abandonar inmediatamente la sesión. No valen las disculpas para proseguir en la sesión.

d) Normalmente el arranque es muy frío, nadie se atreve a empezar. Una buena táctica consiste en haber pactado con alguno de los participantes que lance un par de ideas pensadas previamente, una muy absurda y otra más centrada. A medida que las ideas se generan, se apuntan en orden en un lugar en el que todo el mundo pueda verlas. Los pósits suelen ser muy útiles en esta fase de producción. El proceso se continúa hasta que se cumplimente el alcance que se había prefijado, ya sea en tiempo, en número de ideas producidas o cualquier otro. El que lidera la sesión debería leer, en este momento, todas las ideas que se han producido.

e) Descanso. Es de suma importancia establecer una pausa al llegar este punto. Si durante la pausa puede abandonarse la sala para tomar un café, mejor. Normalmente este es un periodo de maduración en el que los participantes harán de forma espontánea sesiones *one to one* en las que se explicarán unos a otros sus ideas. Si el líder observa que las personas desean hablar entre ellas debe jugar con el tiempo, extendiendo el descanso hasta que observe que el proceso de intercambio se empieza a agotar.

f) En esta fase se trata de elegir un número determinado de ideas entre todas las propuestas. Dependiendo del tamaño del grupo y de su composición pueden utilizarse diferentes técnicas. A nosotros nos gusta particularmente la votación individual y secreta, pues permite que los participantes se expresen de la manera más libre posible, obviando así posibles conflictos de tipo jerárquico o de timidez.

g) Dar a conocer las ideas que han resultado finalistas. En este momento, considerando que la sesión ha llegado a su fin, alguna persona puede sentir la tentación de criticar alguna de las ideas que han resultado finalistas. El líder de la sesión debe agradecer a todo el mundo su participación y terminarla lo más rápidamente posible. Esto evitará que se generen malos sentimientos que puedan convertirse en rencores para sesiones posteriores.

Resulta especialmente importante generar en el proceso un ambiente de colaboración y no de competencia, ya que se trata de neutralizar todas las fuerzas destructivas, de tal forma que solamente se manifiesten las fuerzas creativas. Esto nos lleva a aconsejar que no se establezcan premios a la mejor o mejores ideas, felicitaciones ni nada por el estilo. Se debe agradecer a todos por igual su participación.

Hay quien dice que esta técnica puede ser realizada por una persona sola. Discrepamos de esa visión porque creemos que la mayor fuerza del brainstorming viene del proceso de interacción entre los componentes del grupo. Es más, siguiendo la teoría de grupos pensamos que dos personas no son suficientes para realizarlo, porque una adquirirá el rol de líder y eso en sí mismo ya genera una fuerte contradicción con la esencia de esta técnica. En estos casos será mejor utilizar alguna de las otras técnicas que describimos en otros capítulos.

Una vez obtenidas las ideas se puede continuar *el proceso creativo* tal como indicamos en el capítulo que lleva ese título.

7
EL SCAMPER

El scamper es una técnica que se utiliza para pro ducir ideas en un proceso creativo. Desde nuestro punto de vista es una variedad del *brainstorming* muy focalizada hacia procesos en los que se busca mejorar un producto, aunque puede utilizarse para otros. Cada letra representa en sí misma una sesión o dos de brainstorming, por lo que para completar una sesión se suelen necesitar entre dos y cuatro horas, puesto que estamos hablando de siete letras. Dicho esto, no nos entretendremos en explicar la técnica de las sesiones, ya que es exactamente la misma que hemos explicado en el apartado dedicado al brainstorming. Nos centraremos en cuál es el punto en el que hace foco cada una de las siete letras, que en realidad representan nueve aspectos a considerar.

a) La letra s significa «sustituir». Sea cual sea el objeto que estamos analizando, buscamos ideas que permitan sustituirlo en todo o en parte. Sustituir significa cambiar por algo que mejore algún aspecto del producto o servicio que estamos analizando o que resuelva el problema que ha ameritado el proceso creativo que estamos llevando a cabo. Las ideas de sustitución suelen ser las que más inquietud y rechazo provocan en el grupo porque pueden implicar mucho trabajo posterior. Es habitual que cueste arrancar una sesión de scamper empezando por esta letra. Si el líder observa resistencia, debe seguir a la siguiente y revisitar la s en otro momento de la sesión.

b) La letra c significa «combinar». En este punto estamos buscando otros elementos que, combinados con el que estamos analizando, genere algo novedoso o mejorado o resuelva el problema que se nos plantea. Al trabajar este punto pueden aparecer ideas que en un principio pueden parecer tremendamente absurdas. Imprescindible seguir las reglas del brainstorming a rajatabla.

c) La letra a quiere decir «adaptar» o «copiar». Buscamos en este caso elementos a los que podamos adaptar el que estamos analizando o viceversa. Un ejemplo: cuando se desarrollaron los autobuses para funcionar con gas propano se planteó el problema de que los motores eran en un porcentaje altísimo de ciclo Diesel, esto es, diseñados para consumir aceite diésel. El gas propano solo puede utilizarse en motores con ciclo Otto, esto es, los normalmente conocidos como motores de gasolina. La solución fue adaptar bujías y realizar algunos otros cambios a motores Diesel para transformarlos en motores de propano. La alternativa era construir motores de propano nuevos, pero esto resultaba excesivamente caro en relación al número de unidades que era previsible colocar en el mercado. Se optó por un esquema de adaptación.

d) El primer significado de la letra m es «modificar». Buscamos todo aquello que podamos modificar en nuestro producto o servicio que permita mejorar la utilidad o percepción que el cliente tiene de él. Las modificaciones tienen que ser ciertas y perceptibles por los destinatarios.

e) El segundo significado de la letra M es «magnificar». Buscamos todo aquello que permita magnificar el producto o el servicio o sus utilidades. Se utiliza mucho para buscar esquemas de publicidad.

f) La letra P significa «proponer» para otros usos. Se trata de buscar nuevas utilidades que el producto o servicio pueda ofrecer a los clientes. A veces es necesario combinar, adaptar o modificar para que los nuevos usos sean posibles. Este suele ser por lo tanto un punto que puede implicar a los demás. Esas implicaciones deben incluirse en las propuestas.

g) La letra E significa «eliminar». Buscamos aquello que le sobra al producto, cosas que pueden suponer un exceso de costes y no aportan valor para los clientes, aspectos que descubrimos que los clientes no aprecian por cualquier motivo, aspectos que dificultan la manipulación del producto. En este punto las propuestas deben demostrar claramente que no se afecta negativamente al elemento que estamos analizando.

h) La primera acepción de la letra R es «reordenar» o «revertir». Quizá combinando de otra forma los elementos que componen nuestro producto o servicio mejoremos su utilidad, o se maneje mejor, o se comprenda mejor, o produzca mayor satisfacción a nuestros clientes. Quizá debamos volver a alguna etapa previa del diseño para volver a analizarla.

El scamper es una técnica que pude aplicarse en solitario o en grupo de dos, pues aunque su metodología es muy similar al brainstorming, es más rápido y rico en la producción de resultados en grupos grandes, pero al estar focalizado en aspectos concretos y no ser tan abierto como él, obliga a que las ideas sean mucho más centradas. Una persona puede hacer una sesión en solitario y luego comentar los resultados con terceros. Las ideas absurdas tienen cabida, pero menos.

Es una técnica difícil de dominar y es muy aconsejable contar con la ayuda de especialistas para llevarla a cabo.

Una vez obtenido el conjunto de ideas de cada apartado, *el proceso creativo* puede continuar.

8
LA PROVOCACIÓN

Provocar es hacer que una acción produzca otra como reacción o respuesta a ella, según una de las acepciones del *Diccionario* de la Real Academia Española. Puede aplicarse de distintas maneras al proceso de generación de ideas, en función del tipo de provocación que se utilice:

a) La similitud. En este tipo de uso, la persona que lidera el grupo de generación de ideas utilizará frases del siguiente estilo:
   1. Si fuera otra cosa, ¿cómo sería? Esa otra cosa puede ser cualquier cosa que se nos ocurra.
   2. Si tuviese piernas, ¿cómo se movería?
   3. Si fuera un animal, ¿qué animal sería?
   4. Cualquier otro símil.

b) El absurdo. En este tipo de uso, el conductor de la sesión subvierte la lógica de las cosas utilizando frases como:
   1. Si funcionara al revés, ¿para qué serviría?
   2. Si se utilizara mal, ¿cómo se utilizaría?
   3. Si quisiéramos estropearlo, ¿cómo lo haríamos?
   4. Cualquier otro planteamiento absurdo.

c) La asociación de ideas. En este caso el líder plantea una palabra, elegida conscientemente o al azar, y pide a los participantes que la asocien con el foco creativo sobre el que se está trabajando. Un buen proceso debe trabajar sobre cuatro palabras como mínimo. A veces en la literatura se le llama «generación de ideas por analogía». La forma de hacerlo es la siguiente:

1. Cada participante escribe un conjunto de cualidades que pueden ser atribuidas a la palabra elegida.
2. El grupo vota por aquellas sobre las que cree que existe un mayor potencial de trabajo.
3. Se generan asociaciones y se apuntan.

La provocación es una forma de generación de ideas que tiene un gran potencial, aunque llevar a cabo una sesión no es fácil. En grupos muy grandes es fácil que se produzca un fenómeno de dispersión, pues el método se presta a las chanzas y a las bromas. Los grupos limitados son más fáciles de manejar y pueden producir mejores resultados en este caso. El líder debe tener mucha experiencia en dinámica de grupos.

Normalmente, cuando nos encontramos con el conjunto de ideas que se han generado, es necesario realizar un trabajo posterior que permita concretar, puesto que lo habitual es que el conjunto de ideas generadas sean bastante vagas. Hace falta que el líder sea una persona con una visión muy amplia del problema para que sea capaz de llevar a cabo ese proceso de concreción.

Este método sí puede realizarlo una persona sola y tiene sentido que lo haga, ya que simplemente se trata de estimular formas de visualizar el problema que habitualmente mantenemos fuera del foco. La realización en grupo ayuda a que aquello que uno dice estimule a otro.

Es un método altamente complementario del scamper, que a fin de cuentas no deja de ser una provocación altamente estructurada a la que aporta un componente de pensamiento libre adicional algo más abierto.

Con las ideas generadas, el proceso creativo puede continuar evolucionando.

Esta técnica ha sido muy utilizada por escritores para buscar argumentos para novelas de ciencia ficción, o simplemente de ficción. En este caso se busca el impacto que la provocación produce en el lector. Esta clase de novelas suelen acabar convertidas en películas.

9
TÉCNICAS DE GRUPO NOMINAL (TGN)

Estas técnicas suelen ser consideradas como derivadas del *brainstorming* para aquellos casos en los que hay barreras que limitan la libertad dentro del grupo en relación con la expresión de los pensamientos; por ejemplo, cuando se encuentran en el grupo personas con interdependencia jerárquica o personas especialmente retraídas.

En realidad lo que se consigue es aumentar el nivel de libertad de expresión sacrificando la riqueza que supone la intermotivación que produce el grupo. Se establece un esquema de trabajo mixto en el que la fase de generación de ideas es individual, y la fase de análisis, grupal.

La forma de realizar una sesión de técnicas de grupo nominal es la siguiente:

a) Se define, como siempre, el grupo de trabajo y el foco creativo con la mayor precisión posible.

b) Se solicita a los participantes que escriban en un papel cualquier idea que se les ocurra en relación con el foco creativo, por muy absurda que pueda parecer. Se establece un tiempo determinado para esta fase.

c) Se concede un descanso a los participantes en un ambiente en el que se facilite la comunicación entre ellos. Durante este tiempo, el director del proyecto escribe en la pizarra todas las ideas que se han volcado en los papeles.

d) Continúa la sesión con una conversación en la que se trata de aclarar qué significa cada una de las ideas. No es necesario que la aclare la persona que la lanzó, aunque normalmente tenderá a hacerlo. Las ideas no pueden ser criticadas en esta fase, simplemente se trata de aclarar las dudas para que puedan ser interpretadas correctamente. Si no es posible hacerlo, no pasa nada.

e) En la siguiente fase, como en el brainstorming, se trata de elegir un número determinado de ideas entre todas las propuestas. Dependiendo del tamaño del grupo y de su composición pueden utilizarse diferentes técnicas. A nosotros nos gusta particularmente la votación individual y secreta, pues permite que los participantes se expresen de la manera más libre posible, obviando así posibles conflictos de tipo jerárquico o de timidez.

f) El director da a conocer las ideas que han resultado finalistas. En este momento, considerando que la sesión ha llegado a su fin, alguna persona puede sentir la tentación de criticar alguna de las ideas que han resultado finalistas. El líder de la sesión debe agradecer a todos su participación.

Una forma de recuperar la riqueza creativa que las ideas de una persona generan en la mente de otras es repetir la sesión al día siguiente, estableciendo el mismo foco creativo y estructurándola de idéntica manera. Puede resultar sorprendente descubrir cómo trabaja el subconsciente de las personas durante la noche.

Si se plantea una sesión doble es muy conveniente realizarla en un ambiente apartado, retirando al grupo durante un día y medio a algún lugar apartado del ajetreo cotidiano.

Las técnicas de grupo nominal en sesión doble son una de las herramientas más formidables para la generación de ideas porque eliminan en gran medida los problemas tradicionales del brainstorming y aprovechan los procesos de creatividad consciente y subconsciente del cerebro humano.

La consecución de un ambiente colaborador y no competitivo es fundamental para extraer la máxima riqueza de estas técnicas, por lo que el tiempo que se utilice para preparar a los participantes en este sentido es tiempo realmente bien empleado.

10
Técnica del enmascaramiento

La técnica del enmascaramiento está especialmente indicada para casos muy complejos en los que la generación de ideas no es fácil. Es una variante de las técnicas de provocación que hemos visto en un apartado anterior y la consideramos extremadamente difícil de manejar, por lo que si siempre es conveniente contar con un especialista que domine la técnica, en este caso lo recomendamos encarecidamente. El desarrollo de una sesión es:

a) Define el grupo de trabajo y el foco creativo con la mayor precisión posible.
b) El grupo se centrará ahora en buscar la palabra o frase clave que se encierra dentro de la definición del foco creativo. Se trata de crear una especie de diana dentro del foco, lo cual no es nada fácil, ya que se supone que el foco ha sido establecido con precisión. Se comienza así con una discusión que puede ser muy rica en relación con la verdadera naturaleza del problema para el que buscamos soluciones. Por otra parte, al comenzar el proceso de esta manera, pueden producirse fuertes sentimientos de competencia que dificulten las fases posteriores de trabajo. Existe la posibilidad de que cada miembro del grupo escriba de forma anónima la frase clave y el director de la sesión las traslade a una pizarra para

evitar que la discusión se personalice, o al menos que los participantes se encuentren con mayor libertad. Esta fase puede resultar complicada en extremo y en muchas ocasiones no se puede superar. Supongamos que la sesión de generación de ideas se está llevando a cabo en relación al foco creativo «formas que tiene la empresa de mejorar la atención al cliente». Personas que se encuentren en posición muy crítica con cómo se atiende al cliente en la empresa pueden centrar la frase clave en «atención al cliente», indicando con ello que pretenden una revisión radical del concepto dentro de la empresa. Otras personas pueden pensar que lo importante es «mejorar la atención», ya que opinan que el tema está bien enfocado pero mal implantado. Un tercer grupo de personas puede pensar que lo que se hace no está mal pero que conviene encontrar más formas de estar cerca del cliente para atenderle y pensarán que la frase clave es «formas de atender al cliente».

c) En la siguiente etapa el grupo tiene que generar entre cinco y diez expresiones que sean consustanciales con la frase clave. Supongamos que la frase clave que finalmente prevaleció en la etapa anterior fue «formas de atender al cliente». Expresiones que sean consustanciales con esta frase pueden ser:

1. La forma de atender al cliente debe generarle satisfacción.
2. La forma de atender al cliente debe mejorar su vinculación con la empresa.
3. La forma de atender al cliente debe generar una experiencia inolvidable.

d) En esta etapa se combinan las técnicas de provocación. Se trata de invertir las afirmaciones generadas en la etapa anterior, con lo que se generarán frases absurdas que en el ejemplo que estamos manejando podrían ser:

1. La forma de atender al cliente debe dejarlo insatisfecho.
2. La forma de atender al cliente debe desvincularlo de la empresa.
3. La forma de atención al cliente debe pasarle inadvertida.

e) Cada frase absurda se convierte en un foco creativo para una sesión de *brainstorming* o de cualquier otra técnica de generación de ideas. Se trata de saber si desde un foco tan absurdo pueden surgir nuevas ideas que puedan aplicarse al foco creativo principal. Aunque parezca mentira, normalmente se generan multitud de nuevas ideas que pueden ayudar en el proceso creativo.

Las sesiones de técnicas de enmascaramiento son largas y complicadas de manejar. Es fundamentalmente una técnica previa para cualquier otra técnica de generación de ideas y debe cuidarse especialmente que no complique el desarrollo posterior.

11
LAS SEIS PREGUNTAS GUÍA

El método de generación de ideas de las seis preguntas guía es especialmente apropiado cuando se trabaja en el desarrollo de nuevos productos, o se buscan nuevos campos de aplicación o nuevos mercados. Las seis preguntas guía son:

¿Qué? Qué tipo de producto o mercado buscamos.

¿Cómo? En qué circunstancias.

¿Cuándo? En qué momento.

¿Quién? A quién va dirigido.

¿Por qué? Motivación o justificación.

¿Dónde? En qué lugar.

El método de trabajo es el siguiente:

a) Se elaboran al menos cuatro o cinco respuestas para cada pregunta guía. Cuantas más respuestas se incluyan, mayor será la probabilidad de generar ideas.

b) Se eligen las preguntas que puedan tener mayor relevancia en relación con lo que estamos buscando. Este es un punto especialmente importante, pues condiciona el desarrollo del resto de la sesión, aunque si se considera necesario siempre se puede volver a él.

c) Se toman las preguntas y respuestas de dos en dos y se construyen unas tablas como la que sigue:

Pregunta 1 / Pregunta 2	Respuesta 1	Respuesta 2	Respuesta 3	Respuesta 4
Respuesta 1				
Respuesta 2				
Respuesta 3				

d) Se combinan las preguntas de dos en dos y se intenta rellenar cada uno de los cuadros de cada una de las tablas, buscando relaciones entre las respuestas a cada pregunta.

Supongamos que hemos elegido tres preguntas y en cada una hemos conseguido elaborar cinco respuestas. Al terminar nuestra sesión habremos obtenido setenta y cinco ideas sobre las que trabajar, unas mejores y otras peores. El director de la sesión, a través de una votación o de una discusión, intentará obtener aquellas que el grupo considere más relevantes.

Si nos entretenemos en combinar las seis preguntas tomadas de dos en dos y hemos preparado cinco respuestas por pregunta, tendremos la posibilidad de generar setecientas cincuenta ideas diferentes, una por intersección. La contrapartida es que el ejercicio se hace interminable y los participantes pueden terminar exhaustos. Este es el motivo por el que no debemos trabajar más de tres preguntas, y de ahí la importancia de elegirlas convenientemente. La elección de buenas respuestas también es importante cuando trabajamos con este método.

Si trabajamos con muchas respuestas para cada pregunta, deberemos recortar el número de preguntas que combinaremos a dos, con lo que la selección de las preguntas se convierte en un elemento aún más crítico. Recuerda que las sesiones no deberían superar hora y media de tiempo, porque a partir de ese momento la concentración de los participantes decae notablemente.

12
Mapas mentales

Es un método de generación de esquemas más que de ideas. De lo que se trata es de conseguir estructurar de una forma coherente la enorme cantidad de ideas que corren por nuestra mente para arrojar mucha luz sobre cualquier problema que deseemos resolver.

Su creador, Tony Buzan, parte de la idea de que la forma de pensar de las personas no se ajusta al formato que habitualmente utilizamos para expresar nuestras ideas, esto es, el papel. El papel nos obliga a escribir de forma lineal una cosa después o debajo de otra, haciendo listas, mientras que nuestra mente, según Buzan, no trabaja así, sino en forma irradiante. Desde un punto central va generando ramas de pensamiento que a su vez se diversifican en otras creando una especie de árbol dendrítico.

Los mapas mentales se desarrollan de la siguiente manera:

a) Como siempre, se debe definir con precisión un foco creativo.

b) Ahora deberás intentar resumir ese foco creativo en una palabra, una imagen o un símbolo. Lo que sea que puedas representar de una forma fiel.

c) Consigue una hoja de papel de buen tamaño, rotuladores y bolígrafos de distintos colores y grosores y unos marcadores.

d) Escribe o dibuja en el centro de la hoja la palabra, imagen, icono o lo que sea que hayas decidido que va a representar tu foco creativo.

e) Coloca a su alrededor los principios ordenadores que servirán de base para el desarrollo de la idea. Si en este punto te encuentras muy perdido, cosa que sucede a menudo, puedes echar mano de las seis preguntas guía que identificamos en otro apartado, pero mejor busca los que más le puedan interesar. Aquí también valen dibujos e iconos. Ahora los tienes que unir con una raya a la imagen central. Ya has construido el primer círculo, que según los expertos debe contener entre tres y siete elementos.

f) Continúa añadiendo a continuación todo aquello que se te vaya ocurriendo. No importa el orden, no importa cuántas ramas salgan de cada elemento.

g) Cuando no des más de ti habrás conseguido tu mapa mental sobre el foco creativo que te habías planteado.

Se supone que ahora tendrá las ideas claras. Enhorabuena si es así. Aunque puede ocurrir que no. En Skill Head aconsejamos que guardes el mapa mental en un cajón y sigas la antigua regla de dejar que pasen tres días. Pasado ese tiempo, revisa el mapa y comprueba:

a) Que comprendes lo que escribiste tres días atrás.

b) Que cada cosa está donde tiene que estar. A veces parece que los conceptos se cambian de sitio por sí solos. Vuelve a colocarlos en su lugar.

c) Quita los conceptos que ahora no te parecen relevantes y añade las cosas nuevas que has descubierto durante esos tres días.

d) Vuelve a guardar el mapa en el cajón y revísalo de nuevo un par de días más tarde, repitiendo todo el proceso.
e) ¡A la tercera va la vencida!

A algunas personas les resulta incómodo trabajar con esta metodología porque su cerebro no responde a ella. Los cerebros son sumamente caprichosos y tienen la costumbre de trabajar sin pautas que aún podamos determinar con precisión. Si este es tu caso, trabaja como te venga en gana a partir de tu símbolo, palabra o dibujo central. Escribe lo que acuda a tu cabeza, cuidándote tan solo de relacionarlo con una línea con algún otro concepto. No te preocupes por hacer ramas. A veces visualizamos algún concepto que nos parece importante pero no somos capaces de relacionarlo con otros que ya están en el papel. Abre un apartado de conceptos sueltos y colócalo ahí. Cuando termines, ya sabes, tres días de reposo en el cajón, fuera de la vista.

Cuando vuelvas sobre el papel, intenta ordenarlo de alguna manera. El esquema final, con la forma que tenga, cualquiera que esta sea, será el verdadero mapa de tu mente en relación con el foco creativo que te has planteado resolver. No te des por vencido hasta que te sientas a gusto con lo que ves.

13
Cortar y pegar

Este método de generación de ideas está basado en la actividad que realizan los niños en el colegio de crear composiciones, cortando figuras y pegándolas a su manera sobre un soporte. Se estructura de la siguiente manera:

a) Se separan los componentes del grupo en subgrupos de cuatro o cinco personas. Cada subgrupo se coloca alrededor de una mesa redonda.

b) Se reparten revistas con mucho contenido visual entre los subgrupos, tijeras y cola para pegar papel. Se coloca un papel grande en el centro de cada mesa.

c) Cada participante revisa las revistas durante un tiempo y elige las cinco imágenes que más le hayan llamado la atención, las recorta y les asigna un nombre que indique lo que la imagen evoca en su mente.

d) Se plantea el foco creativo, cerciorándose de que los miembros del grupo lo comprenden perfectamente.

e) Cada grupo dispone de cinco imágenes por persona y debe seleccionar a su vez de entre todas ellas las cinco que crean que se asocian con el foco creativo propuesto.

f) Cada grupo prepara su papel con propuestas, que pueden ser:

1. Cinco propuestas del tipo «la figura (figura pegada) se relaciona con el foco creativo de esta manera».
2. Sobre la base de las figuras elegidas se realiza un collage con otras figuras que sugiera alguna relación con el foco creativo.
3. Unos subgrupos trabajan de la primera forma y otros de la segunda.
4. Cada subgrupo elige la forma de trabajo que le resulte más productiva.
g) Después de un tiempo de trabajo se recogen los soportes de cada subgrupo y se realiza una sesión de trabajo conjunta en la que se trata de determinar cuáles entre todas las asociaciones propuestas pueden tener mayor valor en relación con el foco creativo que se está analizando.

Como puede verse, el de cortar y pegar es un método de generar ideas que precisa de un grupo amplio para que pueda llevarse a buen término. En empresas pequeñas normalmente no es fácil que puedan reunirse tantas personas.

Es un método bastante divertido de generar ideas, pero aprovecha relativamente las capacidades de las personas, pues habitualmente en cada uno de los subgrupos aflora una persona que lidera el proceso y alguna otra que le sigue, quedando una parte del grupo en posición pasiva o marginada. La aparición de dos personas que pretenden liderar en un mismo subgrupo puede generar un pésimo resultado. Un grupo en el que no aflore ningún líder puede resultar o muy creativo o muy poco, según se establezca internamente la forma de trabajar. Lo más habitual es lo segundo.

La persona que dirige una sesión de cortar y pegar debe tener un conocimiento muy profundo de la dinámica de grupos. Su principal trabajo es ir rotando por las diferentes mesas, intentando generar la máxima participación de los componentes de cada subgrupo. En cada mesa se encontrará con un subgrupo con su propia dinámica que tendrá que orientar. No es tarea fácil.

Este método se basa en que las imágenes se fijan mejor que las palabras y son mucho más sugerentes. «Más vale una imagen que mil palabras», dice el refranero.

La contrapartida es la dificultad de manejo y que las sesiones suelen ser muy largas, aunque también pueden resultar muy divertidas.

14
MI FANTASÍA

Utilizamos aquí la acepción de fantasía como «pensamiento elevado e ingenioso». Los métodos que hemos visto hasta el momento apelan al ingenio como forma de producir ideas. Ahora vamos a introducir la altura de pensamiento como elemento creativo.

Todos tenemos lo que normalmente llamamos «un sueño». «Mi sueño es ser un cantante famoso», «el mío ser presidente de gobierno», «el mío ser el mejor jugador de fútbol de la historia». Así podríamos seguir hasta el infinito. Habla con tus amigos distendidamente y pregúntales cuál es su sueño, descubrirás que probablemente todo el mundo tiene uno.

También descubrirás que la mayoría de las personas consideran que su sueño es una fantasía irrealizable, algo que se forjó en su cabeza en algún momento pero que tuvo que dejar de lado para ajustarse a la realidad de la vida.

Sin embargo, algunas personas persiguen incansablemente la realización de su sueño. Son personas que suelen ser consideradas por los demás como gente temeraria, al principio, y como gente genial o absurda al final, en función de que hayan logrado o no alcanzarlo.

Para aplicar este método creativo hay que fantasear. Sigamos el método:

a) Imagina aquellas metas que deseas conseguir en la vida por muy lejanas o imposibles que las percibas. Escríbelas.

b) Entre todas ellas seguramente estará tu sueño. Búscalo y selecciónalo. Puede que te cueste elegir entre varios de ellos. El criterio para elegir es la ilusión. Colócate mentalmente en la situación final y decide qué te genera mayor ilusión. Si hay dos, prioriza y decide qué sueño va primero y cuál le sigue, y apunta los dos por orden.

c) Una vez que tengas tu sueño seleccionado, escríbelo en el centro de un papel y comienza a hacer un mapa mental de posibles estrategias que te permitan alcanzarlo. Al principio escribe todas las que se te ocurran, las convencionales, las originales, las atrevidas, las que rompen con lo políticamente correcto. No olvides dejar libre a la imaginación. En este momento todo vale.

d) Reflexiona y elige aquellas que pueden resultar más interesantes. Borra las demás del mapa pero apúntalas en el margen del papel. No tires nada que tu imaginación haya creado.

e) Ahora tendrás que evaluar las ventajas e inconvenientes de cada una. Escríbelos en otro cuadro en un margen del papel y vuelve a reflexionar sobre el resultado.

f) Escoge un par de estrategias e intenta desarrollar en el mapa mental un plan de acción para ejecutarlas.

Puedes descubrir que las dificultades son de tal tamaño que no merece la pena intentar perseguir tu sueño. En ese caso habrás perdido unas horas pero ya tienes una certeza absoluta de que aquello no es más que una fantasía.

Puede que descubras que existe alguna dificultad muy grande, pero que puedes tener alguna posibilidad de superarla si haces esto o aquello. ¡Enhorabuena! Has descubierto una grieta en el muro que te separa de la realización de tu sueño. En tu mano está la decisión de ensanchar la grieta para derribar el muro o quedarte como estás.

La imagen que puedes asociar es la del preso que se encuentra encerrado en una celda. Su fantasía es la libertad. Un día decide explorar los muros de la celda para ver si hay alguna grieta. La encuentra y entonces se encuentra con el dilema de empezar a ensancharla poco a poco o no. Si decide que sí, seguramente asumirá muchos riesgos y tendrá que armarse de gran cantidad de paciencia y determinación.

15

SEIS SOMBREROS PARA PENSAR

Se trata de una técnica desarrollada por Edward de Bono a partir de seis sombreros de diferentes colores, blanco, rojo, negro, amarillo, verde y azul. Cada sombrero marca una dirección de pensamiento.

a) *Sombrero blanco.* Es neutro y objetivo, se relaciona con hechos y cifras comprobadas o comprobables, evita las creencias y las probabilidades, y por supuesto, las opiniones. que en ningún caso tienen cabida bajo el sombrero blanco.

b) *Sombrero rojo.* Sugiere la ira y las emociones. Aporta el punto de vista emocional. Es lo contrario a la información neutra y objetiva. Con este sombrero puesto caben las corazonadas, las intuiciones y las impresiones. No hay que justificar nada, no es necesario aportar razones ni datos que respalden lo que se dice. En todo caso es bueno que se expresen con un lenguaje apropiado.

c) *Sombrero negro.* Es serio, precavido y cuidadoso. Aporta los puntos débiles. Se supone que bajo este sombrero seremos capaces de prevenir situaciones peligrosas, ilegales, dañinas para nosotros o terceros, o inútiles. Nos indica aquellas cosas que no encajan con nuestra experiencia, el por qué algo puede funcionar mal, las dificultades y problemas del camino.

Es el sombrero para analizar las consecuencias de nuestras ideas o actos en el futuro. Sirve para visualizar posibles daños colaterales. Obviamente es el sombrero para analizar los riesgos.

d) *Sombrero amarillo*. Es alegre y divertido. Incluye la forma optimista de ver las cosas. Bajo este color se aportan los beneficios de las ideas, sus aspectos positivos. Es el momento del entusiasmo, de buscar los caminos para que lo que queremos que suceda, se produzca. Ahora daremos rienda suelta a la curiosidad y al deseo de logro. Obviamente deberíamos justificar convenientemente nuestras visiones optimistas para acercarlas al realismo. Es el sombrero de la especulación. No es el sombrero de la creatividad, es el del entusiasmo.

e) *Sombrero verde*. Es el crecimiento y la abundancia. Con este sombrero aportamos la creatividad: las nuevas ideas, los nuevos conceptos, las alternativas, los cambios, los nuevos enfoques. Es el sombrero del pensamiento lateral, de la provocación, las máscaras o de cualquiera de las otras técnicas de generación de ideas que hemos visto en otros apartados.

f) *Sombrero azul*. Es el control y la organización. Es el sombrero del director de orquesta. Es el sombrero para controlar y dirigir los procesos. Sirve para dar instrucciones, organizar, controlar. Es el sombrero de la estrategia. Con él se formulan las preguntas adecuadas y se definen los caminos a seguir. Sirve para lograr la visión general y los resúmenes y conclusiones de todo aquello que se ha planteado.

De Bono defiende las ventajas del pensamiento paralelo respecto al cruce de visiones. Su método consiste en que los elementos del grupo se ponen el mismo sombrero a la vez y miran juntos en la misma dirección hacia el foco creativo, eliminando de esta forma los sentimientos de competencia en el grupo.

Otra ventaja de los colores de los sombreros es que identifican previamente la actitud del grupo o de la persona que habla. Si se habla con el sombrero rojo se esta haciendo desde una actitud emocional anunciada y previamente aceptada, lo que evita que puedan criticarse las actitudes, o que se asocien estas con las personas. Las actitudes se convierten en roles de juego.

El tercer aspecto que destaca el autor es que economiza tiempo, puesto que al ordenar la sesión de trabajo esta se vuelve mucho más productiva.

En realidad no es solo un método para buscar ideas, es también un método para estructurar la forma de acercarse a la discusión de cualquier tema en el seno de un grupo, y esto último es probablemente el mayor valor que aporta.

El director del grupo debe ocuparse de que en cada momento se hable con el sombrero que toca.

De Bono tiene establecida una amplia red de formadores para la aplicación del método, que están distribuidos por todo el mundo y certificados para asesorar en su manejo.

16
JUEGOS

Un juego es un sistema y contiene los elementos que debe poseer un sistema. Los juegos se montan sobre una actividad, tal como golpear una pelota con el pie (fútbol), mover fichas sobre un tablero, (ajedrez, damas), meter una pelota en una cesta (baloncesto), golpear una piedra con un palo (golf), o cualquier otra que se nos pueda ocurrir. Se define un campo de juego que no es más que un territorio dentro del cual se realizará la actividad, unos límites, unas reglas o normas de interacción, unos componentes, unos jugadores y un objetivo. El ganador es el que, respetando las reglas, logra antes el objetivo, aunque puede decidirse la posibilidad de lograr el objetivo sin importar quién lo logre antes o mejor. No se debe confundir nunca la actividad con el objetivo.

Desarrollar una empresa es algo muy parecido a convertirse en un jugador dentro de un juego ya definido, o puede consistir también en crear un juego nuevo. El devenir empresarial consiste en lograr los objetivos antes o mejor que los demás y ganar el juego. En este caso no es usual jugar por jugar, aunque también existen casos.

Podemos jugar a crear juegos nuevos, lo que seguramente puede ser muy divertido y una enorme fuente de nuevas ideas. ¿Cómo lo haremos?

En primer lugar tenemos que definir una actividad. Puede ser una nueva actividad o una actividad conocida. Las actividades base de los juegos empresariales son diseñar, fabricar, vender, distribuir, arreglar, alquilar, prestar, demoler, enseñar, cobrar, asesorar, entrenar, escribir, servir, ayudar, limpiar, cuidar, vigilar, conducir, golpear, cocinar, comunicar, etcétera. Hay dos actividades que pueden ser a la vez actividad y meta: vender y cobrar. Pueden existir empresas que desarrollen varias actividades, esto es, que practiquen varios juegos.

Una vez elegida la actividad, tenemos que definir un objetivo. Supongamos que hemos elegido la actividad de cuidar. Nuestro objetivo puede ser cuidar niños, ancianos, perros, plantas… Si hemos elegido la actividad de golpear una pelota con el pie, el objetivo puede ser intro ducir la pelota entre dos palos, o golpear un poste o lanzarla lo más lejos posible.

El siguiente paso consiste en definir el campo de juego, sus límites, sus componentes y las normas de actuación y utilización de todo lo que está incluido en él. Sin duda el diseño del campo y de los componentes básicos del terreno de juego tendrá que ver con la actividad y el objetivo. Si la actividad es golpear una pelota con el pie y el objetivo golpear un poste, dos componentes que no pueden faltar son la pelota y el poste. Otros componentes vendrán definidos por las reglas que fijemos entre la actividad y el objetivo. Podemos decidir que exista una distancia mínima entre el punto en el que se golpea la pelota y el poste. Esta regla nos genera un nuevo elemento, un círculo alrededor del poste dibujado sobre el suelo a la distancia elegida. Podemos decidir que una vez que la pelota golpee el poste debe dirigirse en una dirección determinada y pasar ente otros dos postes, situados a una distancia determinada del poste central, y así sucesivamente.

Una vez que hemos diseñado un juego puede jugarse repetidamente por distintos jugadores. También esta fase puede utilizarse para generar nuevas ideas que normalmente nacerán del intento de los jugadores de aprovechar las reglas en su favor lo más posible o en el desarrollo de habilidades que les permitan realizar la actividad de la mejor manera para alcanzar el objetivo.

En todo caso, inventar juegos o utilizarlos puede convertirse en una rica y divertida fuente de generación de ideas, que es nuestro verdadero objetivo.

Como en la mayoría de los métodos de generación de ideas, la herramienta básica para desarrollar juegos son las preguntas. Preguntarse qué pasaría si cambiásemos los límites, las reglas, la actividad o cualquier otro aspecto, es una fuente permanente de inspiración y es la base de los procesos creativos.

En el fondo, nuestra empresa participa en un juego, sea inventado por nosotros o no, que es lo más corriente. Haz en tu empresa lo que harías cuando estás jugando. Si además consigues divertirte, lo habrás logrado todo.

17

CREATIVIDAD Y MADURACIÓN DE IDEAS

Hablamos ahora del tercer paso del proceso creativo: la maduración de las ideas. La mayoría de los procesos creativos se detienen en el paso anterior, esto es, en el de la generación de las ideas. Se elige la que parece mejor y se comienza su implantación. Se dan procesos creativos en los que ni siquiera se pasa por la criba de la generación y selección de ideas y se intenta implantar la primera ocurrencia que pasó por la mente del supuesto creativo.

El *Diccionario* de la Real Academia Española define ocurrencia como «una idea inesperada, pensamiento, dicho agudo y original que ocurre a la imaginación». Normalmente la fase anterior del proceso creativo habrá intentado espolear la obtención del mayor número de ocurrencias posibles y las habrá filtrado, de forma que ahora tengamos sobre la mesa aquellas que nos han parecido más válidas en orden a resolver el problema o foco creativo en el que nos hemos centrado.

El tercer paso del proceso creativo consiste en madurar las ideas finalistas de la etapa anterior. Es un proceso que debe estructurarse de forma precisa, exigiendo que cada idea responda a un conjunto de preguntas concretas que definirán definitivamente su nivel de viabilidad:

a) **¿La idea planteada resuelve el problema de forma contundente?** Solo caben dos respuestas a esta pregunta: sí o no. Si lo resuelve parcialmente, momentáneamente o en algunos casos, no es la solución que buscamos. Es necesario pasar inmediatamente a la siguiente idea. Podría pasar que al trabajar sobre la idea que no cumple, esta pueda modificarse o mejorarse hasta que pase este tamiz. Entonces se habrá convertido en otra idea y podrá pasar a la siguiente pregunta.

b) **¿La idea planteada puede implementarse con un coste menor a los beneficios que aporta?** De nuevo solo caben dos respuestas: sí o no. La idea puede resolver el problema planteado de forma contundente, pero su coste de implantación es tan elevado que no va a ser posible compensarlo con el incremento de beneficios que la idea conlleva. En palabras populares diríamos que estamos matando moscas a cañonazos. En este caso puede resultar conveniente la apertura de una línea de trabajo lateral dedicada a analizar cómo podrían reducirse los costes de implantación de la idea hasta que logre pasar este tamiz.

c) **¿Cómo afecta la idea planteada a la organización?** Se trata ahora de una pregunta abierta en la que nos tenemos que preguntar cuáles son las consecuencias de la aplicación de esta idea dentro de nuestra organización. La implantación de la idea puede necesitar incrementos o reducciones de personal o la adquisición de nuevas destrezas dentro de algunos departamentos. Es posible que sea necesario reorganizar la compañía, establecer un nuevo sistema de trabajo o de compensaciones o cualquier otro tipo de novedad. Es un tema que debemos analizar a fondo y, una vez conocidas las consecuencias que supone para nuestra organización la adopción de una nueva idea, estudiar las maneras en que estas situaciones pueden ser gobernadas, si es que pueden serlo. Las consecuencias de no hacerse esta pregunta o de suponer que la organización puede superar con voluntarismo cualquier consecuencia pueden ser desastrosas. Se trata de evaluar si las consecuencias positivas que la idea aporta a nuestra organización son mayores que los daños que va a producir y si estos daños son manejables o no.

d) **¿Cómo afecta la idea planteada a nuestro mercado?** Hablamos aquí de nuestro mercado en un sentido amplio, incluyendo a nuestros clientes, proveedores, canales, esquemas de comunicación, etcétera. Es de nuevo una pregunta abierta en la que tendremos que sopesar las ventajas y los inconvenientes que puede conllevar la implantación de la idea. En este punto suele ser de gran importancia la realización de pruebas entre los clientes y comprobaciones en nuestros canales de aproximación hasta ellos. Hay que exprimir al máximo las capacidades de nuestros sistemas de comunicación y de inteligencia de mercado. Una gran idea que perjudique de forma severa a nuestros proveedores o nuestros canales puede volverse rápidamente contra nuestra empresa. Una idea que después de un costoso plan de implantación sea fácilmente contrarrestada por la competencia generará una profunda desconfianza en nuestro entorno de mercado y una indeseable sensación de que estamos dando palos de ciego. Si en algún punto nuestra idea debe ser comprobada con detalle antes de lanzarla, es en el mercado. Nuestro consejo es que con el mercado se experimente lo menos posible. Usaremos aquí otro dicho tradicional: «Los experimentos, con gaseosa».

e) **¿Cómo afecta la idea planteada a nuestra imagen?** Punto importante y muchas veces pasado por alto. Todo lo que la organización hace contribuye a generar una imagen percibida por el mercado. Es normal que una empresa base su éxito en haber generado un posicionamiento determinado en el mercado. Hay que preguntarse si la nueva idea refuerza ese posicionamiento o trabaja en contra de él, y en qué medida hace lo uno o lo otro. Volvemos a encontrarnos ante un análisis de coste-beneficio que ha de llevarse a cabo de la forma más objetiva posible y que en caso necesario será deseable contrastar a priori. Aquí es cuando se demuestra si el equipo gestor de una empresa tiene las ideas claras o juega a cualquier cosa, si realmente está interesado en generar valor para la empresa o ese es un objetivo secundario. Este es el punto en el que convergen o divergen las bandas verbales y no verbales de la empresa ante su auditorio. Es la prueba definitiva de coherencia en la que la empresa se juega su credibilidad.

Una vez comprobada una de las ideas que fue seleccionada en la fase de generación de ideas se pasa a la siguiente, aunque en realidad el proceso no suele ser tan ordenado y se tenderá a analizar todas en paralelo o en desfase. No importa cómo se haga mientras se haga de forma rigurosa.

Cuando se han terminado de evaluar las ideas, se estructura una tabla de doble entrada. En un lado se escriben las ideas y en el otro las respuestas a las cinco preguntas. El análisis de la tabla anterior determinará cuál o cuáles ideas podemos considerar como finalistas del proceso. Sin duda esa será una idea madurada y que muy probablemente funcionará.

Aunque la literatura considera que en este punto termina el proceso creativo, nosotros pensamos que el proceso de maduración no finaliza en este punto. Una vez detectadas las ideas finalistas que parece que resuelven el problema, estas deberían pasar a la etapa de «hacer sin hacer nada», o lo que es lo mismo, esas ideas deberían dejarse reposar durante un tiempo antes de comenzar su proceso de implantación. La persona que ha de tomar la decisión final debe dejar que esas ideas sean trabajadas por su subconsciente. El resultado suele ser que las ideas finalistas se mejoran notablemente, lo que demuestra que el proceso aún tenía un cierto recorrido por delante.

Ahora sí que termina el proceso creativo en el que hemos culminado tres etapas:

a) Generación del foco creativo.
b) Búsqueda de ideas.
c) Maduración.

La mala noticia es que el proceso creativo no termina nunca. Una vez que implantes la idea anterior esta ya se convierte en una idea antigua y conviene comenzar a generar la siguiente. Así es el proceso evolutivo de las empresas y de la sociedad: flecha que no sube, baja.

18
EDUCACIÓN Y CREATIVIDAD

Hemos leído muchos libros y tratados sobre creatividad en la educación. La gran mayoría son fenomenales textos sobre la creatividad en general que se centran en estudios sobre la inteligencia, las actitudes, las técnicas. No encontramos mucha iluminación para establecer un método que ayude a generar personas creativas. Por este motivo y ya que somos unas personas con un potencial creativo importante, uno de nosotros ha realizado una introspección para ver cuál ha sido el camino que ha seguido. Este es el resultado.

Mi educación elemental, primaria, secundaria y universitaria no había destacado por el objetivo de hacer de mí una persona creativa, sino más bien una persona conformista y adaptada. La educación recibida en mi familia se insertó en las mismas coordenadas.

Un día escuché, siendo bastante joven, la frase siguiente: «El que no crea, se destruye». Me recordó los libros de Erich Fromm que tanto marcaron intelectualmente a mi generación. Crear para crecer era la receta infalible para no entrar en procesos autodestructivos que nos acabarían haciendo sufrir de forma innecesaria.

Posicionarse para vivir la vida creando es una actitud que, convertida en un hábito, se convierte en una forma de vivir creativa. Visto así, la creatividad es el hábito de crear.

La siguiente parte resultaba un poco más complicada. ¿Cómo podía construir esa actitud creadora que, ejercitada de forma continua, se convirtiera en un hábito, esto es, en una forma de vida?

Poco a poco fui descubriendo actitudes más cercanas a mi forma de entender la vida que me podían ayudar a construir la actitud creadora. El problema que se me planteaba es que cada vez que identificaba una me veía obligado a comprender los mecanismos que impedían que yo adoptara esas actitudes y a buscar formas de desactivarlos.

Lo primero que descubrí era que necesitaba desarrollar una actitud abierta. La educación que había recibido en mi casa, en el colegio y en la universidad me habían llenado de prejuicios sociales, morales y académicos que me llevaban a ver el mundo y lo que en él sucedía de una manera muy limitada. Era necesario acercarse a to do aquello que hasta el momento había estado vedado, eliminando previamente los calificativos con los que en mi mente los adornaba. Recuerdo que un día, caminando por la calle, observé cómo una paloma blanca volaba de un árbol a otro. Inmediatamente mi cabeza asoció la paloma con la paz. Conviene recordar que hablo de la época en la que se generó todo un movimiento mundial contra la guerra de Vietnam. Cuando pasaba por debajo del árbol en el que se había posado la paloma, esta, sin la más mínima consideración, ensució mi flamante cazadora de cuero marrón. En ese mismo momento asocié a la paloma con un animal sucio.

Alguna lucecita se encendió en mi cabeza y comencé a reflexionar cómo en tan poco espacio de tiempo había podido calificar a la paloma de forma positiva y negativa y me propuse resolver el dilema. Entonces me di cuenta de que no tenía que calificar a la paloma, sino a sus actos. Una paloma es… simplemente una paloma. Una paloma volando entre dos árboles es un símbolo de la paz. Una paloma ensuciando mi cazadora es algo sucio.

Comprendí que una actitud abierta comenzaba por aceptar las cosas como eran, sin calificativos, guardando estos, en su caso, para las formas de actuar. Una actitud abierta significaba ser capaz de acercarse al mundo sin prejuicios. Decidí que para tener una actitud abierta tendría que ejercitar mi capacidad para no evaluar. Decidí extender este ejercicio de abstención a las cosas y las acciones. Decidí convertirme en un no evaluador.

Según practicaba mi nueva convicción, me di cuenta de que ya no participaba en discusiones, lo que ante mi familia y mis amigos me convertía repentinamente en una persona más bien callada. Al principio me preguntaban si me pasaba algo, yo les contestaba que no con toda tranquilidad y poco a poco me fueron aceptando de nuevo.

Otra consecuencia de mi nuevo hábito de no evaluar, pues a los pocos meses era un hábito, fue que me convertí en un observador. Cuando las personas discutían, o simplemente cuando caminaba por la calle, veía cosas que antes nunca había percibido. Llegué a pensar que hasta entonces había llevado un velo ante los ojos y que al quitármelo mi percepción del mundo había cambiado por completo.

La tercera consecuencia resultó mucho más difícil y dolorosa de manejar. En muchas de las discusiones que se planteaban entre miembros de mi familia y de mis círculos de amistades era imprescindible tomar partido. «O estás conmigo o estás contra mí» era la frase habitual. Ni que decir tiene que me gané repentinamente la enemistad de muchas personas. Algunas de esas personas nunca me han perdonado.

Como una cosa lleva a la otra, enseguida percibí que algunas de las enemistades que me estaba forjando tenían un gran poder para fastidiarme e incluso para hacerme daño. En esos casos aparecía el miedo, un miedo que hacía temblar mi gran descubrimiento y determinación de no evaluar. De hecho, me di cuenta de que si quería seguir el camino que había emprendido, tendría que desarrollar una actitud de valentía. Era imprescindible que me cargara de valor.

Al principio pensé que el valor era no tener miedo, pero pronto descubrí que el miedo es una de las emociones más primarias de casi todos los animales y que como base de la supervivencia, su eliminación era casi imposible. Era necesario buscar otro camino.

Poco a poco fui descubriendo que la única manera que tenía de afrontar el miedo era aceptando las consecuencias de mis actos previamente, tanto las previsibles como las imprevisibles. La visualización final de este descubrimiento me llegó al escuchar la famosa frase de los gladiadores «salve, César, los que van a morir te saludan». Aquellas personas habían llegado a asumir la muerte como consecuencia de haber salido a luchar en la arena. Además, ni siquiera estaban allí por voluntad propia. Tenían tan asumidas las consecuencias, que eran capaces de controlar su miedo.

Decidí entonces que cuando sintiera miedo ante alguna de las consecuencias de mis actos simplemente me diría a mi mismo que aquello estaba asumido y punto. De esta forma pude seguir adelante con mi actitud abierta.

Más tarde me di cuenta de que solucionar la forma de afrontar los temores me había proporcionado un regalo inesperado. Cada día era más autónomo tanto en mi forma de ver la vida como en mi forma de actuar. Esa autonomía me llevaba a hacer, por mí mismo, actuaciones que nunca hubiera pensado que sería capaz de hacer y a pensar cosas que nunca hubiera sospechado que pudiera llegar a pensar. Con mis recién estrenados hábitos de apertura, valor y autonomía fui enfrentando nuevos retos y nuevas actividades que jamás sospeché estuvieran dentro de mi alcance.

Mis nuevas actividades me proporcionaban cada vez más conocimientos y nuevas formas de comprender el mundo. Recuerdo que habiendo terminado mis estudios de ingeniería decidí matricularme en la facultad de derecho. Mientras estudiaba la asignatura de historia del derecho descubrí una forma absolutamente distinta de aproximarme y entender los motivos por los que habían ocurrido multitud de sucesos históricos.

Esos nuevos descubrimientos despertaban en mí nuevas inquietudes, que a su vez aumentaban mi campo de relaciones, me abrían a nuevas visiones. Profundicé en técnicas de comunicación, economía, historia, filosofía… Eran un círculo sin fin al que bauticé como desarrollo divergente, porque el campo que abarcaba cada vez era más amplio. A los pocos años me faltaba tiempo para abarcar lo que atraía mi atención.

Sin darme cuenta, mientras avanzaba en mi proceso, había recibido otro gran regalo: la curiosidad, que ejercitada permanentemente se había convertido en una actitud curiosa.

Más adelante, mi vida profesional me llevó a trabajar en el departamento de investigación y desarrollo de una empresa. Nunca sabré si aquello sucedió por casualidad o porque había trazado mi camino en esa dirección. Allí aprendí y apliqué multitud de técnicas de generación de ideas y fui depurando mis conocimientos en relación con el proceso creativo a través de un sistema auto didacta de prueba y error.

Por eso, cuando me preguntan cuál es la clave para educar a los niños para que adquieran el hábito de crear, esto es, para que sean creativos, siempre digo que *hay que empezar por crear mentes abiertas que contengan el mínimo número de prejuicios posibles y hacer a los niños y niñas, desde bien pequeños, responsables de sus actos.* Con estas dos actitudes en su bagaje, el proceso se apoderará de ellos y les convertirá en personas preparadas para ser creativas. Si luego tenemos la paciencia de enseñarles las técnicas de generación de ideas en grupo, aplicándolas a la resolución de algunos de los muchos problemas que les vamos a plantear durante su etapa de educación, y además les enseñamos a madurarlas, es seguro que seremos capaces de crear montones de personas creativas sin necesidad de cambiar constantemente los planes de estudio.

Si la creatividad es una actitud complementada con ciertas técnicas, solo puede ser transmitida por quien tenga la misma actitud y conozca las técnicas. La pregunta fundamental es, ¿dónde empezamos la cadena? ¿Cuánto se tarda en montar un esquema piramidal que transmita esta actitud y estos conocimientos? ¿Qué hacer en aquellos puntos en los que la cadena se rompe? Nada fácil, sin duda. Si fuera fácil ya lo habríamos hecho.

Es en la respuesta a estas preguntas en lo que la sociedad debe ocuparse. Podemos dedicarnos cien años a definir la creatividad, a estudiar la inteligencia o a descubrir técnicas de generación de ideas, que si no somos capaces de conseguir resultados sociales que se conviertan en un elemento útil de crecimiento personal y colectivo estaremos sencillamente teorizando, cosa que no está mal, pero que tampoco es práctica.

No sé si mi experiencia puede ser generalizable y por lo tanto válida para crear generaciones de personas más creativas, pero no he encontrado ningún tratado que me aporte nada mejor por el momento. En todo caso, sigo abierto a encontrar nuevos caminos, y mientras tanto aplico lo que he descubierto e intento transmitirlo allí donde mi opinión es requerida.

www.ingramcontent.com/pod-product-compliance
Lightning Source LLC
LaVergne TN
LVHW010653200726
843507LV00011B/1841